HÄDECKE

Frühlings- und Sommergemüse

KOCHEN WIE DIE PROFIS

ISBN 978-3-7750-0555-5

4 3 2 1 | 2012 2011 2010 2009

www.haedecke-verlag.de

Rezept-Redaktion und Satz: Christine Messer Hausch, Ascona

Fotos: Chris Meier BFF, Stuttgart

Foodstyling und Küche: Roland Hartel

Organisation und Requisite: Jutta Neu-Meier

Umschlaggestaltung und Layoutentwurf: Julia Graff, Design & Produktion, Stuttgart

Reproduktion: LUP AG, Köln

Druck: Mohn media Mohndruck GmbH, Gütersloh

Abkürzungen und Maßeinheiten

kg – Kilogramm	g – Gramm	ml – Milliliter = 0,001 Liter
cl – Zentiliter = 0,01 l	dl – Deziliter = 0,1 l	l – Liter
Msp. – Messerspitze	EL – Esslöffel	TL – Teelöffel
geh. – gehäuft	gestr. – gestrichen	

Die Rezepte sind, soweit nicht anders angegeben, für 4 Portionen berechnet.

Vorwort

Kochen können wie die Profis

Wer möchte das nicht? Vor allem, wenn Meister ihres Fachs wie die hervorragenden Köchinnen und Köche von Euro-Toques Europe ihre Rezepte und Tricks verraten. Deren Können basiert auf einer soliden Ausbildung und meistens auf vielen Lehr- und Wanderjahren mit Stationen in führenden Häusern. Sie kochen mit Begeisterung und geben ihr Wissen gerne an den Berufsnachwuchs weiter. Dazu gehört auch der Respekt vor unseren Lebensmitteln und die Verpflichtung, ihren Gästen eine gesundheitsbewusste Ernährung zu bieten sowie in ihrer Küche natürlich produzierte Lebensmittel, wenn möglich aus der Region, zu verwenden. Nur wer sich an diese Richtlinien hält, kann Euro-Toques Sternekoch, -köchin oder -Maître sein und nur unter diesen Voraussetzungen kann ein Restaurant zertifiziert werden.
Die Köchinnen und Köche geben ihre Erfahrung aber auch gerne nach außen weiter, zum Beispiel in Geschmacksschulungen für Kinder und Erwachsene oder in Büchern wie dem vorliegenden. Die Rezepte dieses Buches sind so ausgewählt und bearbeitet, dass sie auch zu Hause zubereitet werden können – manchmal verblüffend einfach, manchmal mit Übung und Können, jedoch immer mit großartigen Geschmackserlebnissen, für die sich die Mühe lohnt.
Ihnen, liebe Leserinnen und Leser, wünschen wir viel Erfolg und Genuss beim Ausprobieren. Und wenn Sie das eine oder andere Rezept einmal nicht zu Hause nachkochen, sondern in unseren Restaurants genießen wollen, sind Sie uns immer herzlich willkommen.

Ihre Rezeptautorinnen und -autoren von Euro-Toques Europe

Ernst-Ulrich W. Schassberger
President Euro-Toques Europe

Gazpacho von der Gurke mit Croûtons

Für die Gazpacho:
2 kleine Salatgurken (ca. 600 g)
2 Schalotten
1 Dillzweig
100 ml kalte Gemüsebrühe
500 ml Naturjoghurt
Saft von 1 Limette
Salz, Pfeffer

Für die Croûtons:
2 dünne Scheiben Weißbrot
3 EL Olivenöl

Für die Garnitur:
4 Dillzweige

1 Für die Gazpacho die Salatgurken gründlich waschen, die Enden kappen, dann die Gurken grob schneiden. Schalotten schälen und ebenfalls grob schneiden. Vom Dill die dicken Stiele entfernen, mit Schalotten, Gurken und der Gemüsebrühe im Mixer sehr fein pürieren. Wenn nötig, das Püree durch ein Sieb streichen, dann mit Joghurt gut vermischen, mit Limettensaft, Salz und Pfeffer würzen. Die Gazpacho im Kühlschrank 1–2 Stunden gut durchkühlen lassen.

2 Für die Croûtons die Weißbrotscheiben in gleichmäßige kleine Würfel schneiden, in einer Pfanne mit Olivenöl rundum hellbraun rösten. Erkalten lassen.

3 Die eiskalte Suppe in Gläser oder tiefe Teller anrichten, mit den Croûtons bestreuen und mit je einem Dillstrauß garnieren.

PROFITIPP Statt Weißbrotcroûtons passen auch gepulte Nordseekrabben als Einlage in diese kalte, erfrischende Suppe. Kleine rohe Gurkenwürfel, über die Gazpacho gestreut, machen die Suppe noch knackiger. Ein kalorienarmer, wohlschmeckender Durstlöscher für die heiße Jahreszeit!

»Kaffee« von Gemüse
und Bonitoflocken mit Paprikaöl und Krebsen

Für das Paprikaöl:
100 ml Olivenöl
½ Zwiebel, grob gehackt
1 Knoblauchzehe, zerdrückt
1 rote Paprikaschote, gewürfelt
1 getrocknete rote Chilischote
1 TL Weißweinessig

Für den Krebssud:
dünn abgeschnittene Schale von
1 Zitrone, 2 Schalotten, halbiert
2 Lorbeerblätter, 1 Muskatblüte
3 Gewürznelken, 200 ml Weißwein
4 Süßwasserkrebse

Für den »Kaffee«:
500 ml kräftige Gemüsebrühe
(ungesalzen)
2–3 EL dehydriertes Gemüse (Lauch, Sellerie, Karotten, Petersilienwurzel)
1 EL Bonitoflocken (Thunfisch), Salz

1 Für das Paprikaöl Olivenöl auf 125 °C erhitzen (Temperaturfühler). Zwiebel und Knoblauch zugeben und leicht sautieren, dann die Paprikawürfel und die zerbröselte Chili unterrühren. Hitze reduzieren, das Ganze eine halbe Stunde ziehen lassen. Essig zugeben, etwas abkühlen lassen, dann das Öl filtern, beiseite stellen.

2 Für den Krebssud in einem Topf ca. 2 Liter Wasser mit Zitronenschale, Schalotten, Lorbeer, Muskatblüte, Gewürznelken und Weißwein 5 Minuten kochen. Die Krebse kopfüber hineingeben, 5–10 Minuten im Sud ziehen lassen. Krebse noch heiß auslösen, das Fleisch aus Schwanz und Scheren auf vier Holzspieße stecken.

3 Für den »Kaffee« einen italienischen Kaffeekocher mit der Gemüsebrühe befüllen, in den Filter das Gemüse und die Bonitoflocken geben, wie einen Kaffee zubereiten, mit Salz abschmecken und heiß in Gläser füllen.

4 Zum Servieren den heißen »Gemüsekaffee« mit etwas Paprikaöl beträufeln, den Spieß mit dem Krebsfleisch über das Glas legen.

PROFITIPP **Dieser leichte, aromatische Zwischengang eignet sich auch als höchst attraktive Vorspeise, dazu einfach die Mengen etwas erhöhen.**

Auberginenschaum auf Tomatensauce

800 g Auberginen
80 ml Olivenöl
Salz, schwarzer Pfeffer aus der Mühle

Für die Ratatouille:
60 g Zwiebel
2 Zehen vom jungen Knoblauch
3 EL Olivenöl
je ½ gelbe und rote Paprika, entkernt
160 g Zucchini
200 g Tomaten, enthäutet und entkernt
1 Thymianzweig
Salz, Pfeffer

1 Zweig Basilikum

3 Gelatineblätter
300 g steif geschlagene Sahne

Für die Sauce:
250 g vollreife, aromatische Tomaten
80 ml Olivenöl Extra Vergine
Salz, Pfeffer

Für die Garnitur:
4 kleine Basilikumzweige

1. Backofen auf 200 °C vorheizen. Die Auberginen der Länge nach halbieren, die Schnittflächen mit Olivenöl beträufeln, mit Salz und Pfeffer bestreuen und auf ein Blech geben. Im Backofen ca. 20 Minuten garen.

2. Für die Ratatouille die Zwiebel und den Knoblauch fein würfeln, in einem Topf im Olivenöl glasig dünsten. Paprika und Zucchini in gleichmäßige, ungefähr 5 mm große Würfel schneiden und mitdünsten, Tomaten ebenfalls fein würfeln und mit dem Thymian zum Gemüse geben. Mit Salz und Pfeffer würzen und weiter dünsten, bis alles weich ist. Die Ratatouille erkalten lassen, den Thymianzweig entfernen.

3. Die Basilikumblätter vom Stiel zupfen und in feine Streifen schneiden.

4. Von den noch heißen Auberginen mit einem Löffel die Kerne auskratzen und entfernen, dann das Fruchtfleisch aus der Schale heben und im Mixer pürieren. Nun die eingeweichte, ausgedrückte Gelatine im Püree auflösen und die Masse im

Kühlschrank leicht andicken lassen. Wenn das Püree etwas gefestigt ist, nach und nach die geschlagene Sahne locker unterheben, zum Schluss die kalte Ratatouille und die Basilikumstreifen unterziehen. In Portionsformen füllen und den Schaum im Kühlschrank fest werden lassen.

5 Für die Sauce die Tomaten kurz blanchieren, die Haut abziehen, die Kerne entfernen, das Fruchtfleisch fein würfeln und mit dem Olivenöl vermischen. Mit Salz und Pfeffer würzen.

6 Zum Servieren den Auberginenschaum vorsichtig aus den Formen lösen und auf Teller geben, mit Tomatensauce umgießen und mit Basilikum garnieren.

PROFITIPP **Auberginen sind nicht jedermanns Sache, aber als Mousse, wie hier beschrieben, mit den Geschmackskomponenten der Ratatouille gewürzt, werden sie auch Zweifler überzeugen. Es gibt viele Sorten von Auberginen. Die klassische violettschwarze »Eierfrucht« ist die bekannteste. Kleinere Auberginen brauchen je nach Sorte nicht geschält zu werden, die Samenkörner im Inneren können ebenfalls, je nach Zubereitungsart, mitgegessen werden. Eine perfekt gereifte Aubergine hat weiche, weiße bis milchig-weiße Samenkörner und festes, sehr helles Fruchtfleisch. Auberginen eignen sich nicht zum Rohessen, der beinahe neutrale Eigengeschmack des kalorienarmen Gemüses verlangt nach kräftigen Gewürzen. Sie lassen sich vielfältig zubereiten und kombinieren, ihre wohl bekanntesten Zubereitungsarten sind Moussaka (ein griechischer Auflauf mit Hackfleisch) und die klassische Ratatouille. Außerdem lassen sich Auberginen dünsten, kochen, füllen, braten, grillen, panieren, pürieren, in Öl ausbacken, sie finden Verwendung in Aufläufen und Eintöpfen, in südasiatischen Gerichten, sie werden mit Käse überbacken – der Phantasie des Kochs sind keinerlei Grenzen gesetzt.**

Bunte Gemüseplatte mit Aïoli

1 Scheibe Weißbrot
60 ml Milch

4–5 Knoblauchzehen
1 sehr frisches Eigelb
175 ml Olivenöl
2–3 TL Zitronensaft
Himalaja Salz
Pfeffermischung aus der Mühle

je 1 rote, gelbe und grüne Paprikaschote
4 Karotten
1 Staude Stangensellerie
200 g Datteltomaten
1 Glas Queens Oliven

1 Bio-Baguette

1. Das Weißbrot entrinden, kurz in der Milch einweichen, ausdrücken und in eine Schüssel geben.

2. Knoblauchzehen abziehen, sehr fein hacken, mit dem Eigelb zum Weißbrot geben, mit einem Schneebesen glatt rühren. Dann das Olivenöl nach und nach in einem dünnen Strahl kräftig unterrühren (oder ein Handrührgerät verwenden). Die Aïolisauce mit Zitronensaft, Salz und Pfeffer würzen.

3. Paprikaschoten waschen, halbieren, Kerne und weiße Trennhäute entfernen. Hälften in schmale Spalten schneiden. Die Karotten schälen, längs in schmale Stifte schneiden. Selleriestangen vom Strunk schneiden, waschen, zähes Grün entfernen. Die Datteltomaten waschen, nach Belieben halbieren, die Oliven abtropfen lassen.

4. Alle Gemüse auf einer großen Platte farblich abwechselnd anrichten. Aïoli in Dipschälchen füllen, zusammen mit der Gemüseplatte und dem aufgeschnittenen Baguette servieren.

PROFITIPP Ein köstliches, gesundes Fingerfood, das Urlaubserinnerungen weckt. Das würzige Aïoli bringt sogar Gemüsemuffel zum Dippen. Und als Vorspeise ist die Platte ideal, um eine lockere Stimmung unter den Gästen zu fördern – sie sorgt für Beschäftigung und kann Anlass zur Kommunikation bieten.

Fenchel-Pflaumensalat
mit Walnuss-Safran-Joghurt

500 g Fenchel
½ Knoblauchzehe, Salz
Saft einer Orange
40 ml Walnussöl
1 Zweig Ingwer-Thymian
(oder normaler Thymian)
Pfeffer aus der Mühle

200 g reife Pflaumen

Für das Dressing:
200 ml Vollmilch-Naturjoghurt
30 g Walnusskerne, in der Küchenmaschine fein gehackt
0,4 g Safran
Salz, Pfeffer aus der Mühle

Für die Garnitur:
Pfefferminzblättchen

1 Von den Fenchelknollen vier der äußersten Schichten mit ihrem Stängel (die Fenchelpfeifen) ablösen, die Knollen halbieren, alles zusammen in Salzwasser 2–3 Minuten blanchieren. Danach abtropfen und etwas abkühlen lassen, den Fenchel fein schneiden, die Fenchelpfeifen für die Garnitur beiseite legen. Den Knoblauch mit etwas Salz fein zerdrücken, mit Orangensaft, Walnussöl, abgezupften Thymianblättchen und Pfeffer verrühren. Den geschnittenen Fenchel zugeben und gut vermischen. Eine halbe Stunde marinieren.

2 Die Pflaumen waschen, entsteinen und sechsteln. Mit dem marinierten, fein geschnittenen Fenchel vermischen und nochmals eine Stunde stehen lassen.

3 Für das Dressing den Joghurt mit fein gemahlenen Walnusskernen, Safran, Salz und Pfeffer verfeinern, ebenfalls etwas stehen lassen.

4 Zum Servieren den Fenchel-Pflaumensalat auf den Fenchelpfeifen anrichten. Das Joghurtdressing rundherum geben, den Salat mit Minzeblättchen garnieren.

PROFITIPP **Wer es vorzieht, kann den Fenchel ungekocht marinieren. Dann die Knolle jedoch fein hobeln, damit der Fenchel nicht zu hart ist. Ingwer-Thymian hat ein besonderes Aroma, er schmeckt scharf, leicht brennend, an getrockneten Ingwer erinnernd.**

Sommerlich bunte Gemüseterrine mit Tomatenvinaigrette

150 g zarte Karotten, geschält
100 g Zucchini, entkernt
100 g große Champignons
je ½ rote und gelbe Paprikaschote, geputzt
200 g Broccoliröschen
80 g feine Bohnen, geputzt

Für die Farce:
200 g Hühnerbrust, pariert
250 ml Sahne
Salz, Pfeffer
50 g Brunnenkresse, in der Küchenmaschine püriert

Für die Tomatenvinaigrette:
250 g Cherrytomaten
2 EL weißer Balsamico
4 EL Olivenöl
Salz, Pfeffer

Für die Garnitur:
Brunnenkresse

1 Alle Gemüsesorten getrennt in Salzwasser knackig gar kochen, danach im Fond erkalten lassen. Gemüse abtropfen lassen. Die Karotten, Zucchini und Champignons längs in 3 mm dicke Scheiben, Paprikaschoten in Streifen schneiden, die Broccoliröschen halbieren.

2 Für die Farce das gut gekühlte Fleisch zuerst mit dem Messer grob hacken, danach im Mixer kurz pürieren und durch ein Sieb streichen. Erneut durchkühlen lassen, nach und nach die kalte Sahne zugeben und zu einer luftigen Farce rühren, mit Salz und Pfeffer leicht würzen.

3 Backofen auf 180 °C vorheizen und ein Wasserbad vorbereiten. Die Terrinenform mit Butter auspinseln. Ein Drittel der Farce mit der pürierten Brunnenkresse gut vermischen und in die Form geben, die Oberfläche glatt streichen. Nun die Hälfte des Gemüses flach auslegen, mit Farce bedecken, dann eine Schicht mit dem restlichen Gemüse einlegen, wieder mit Farce bedecken, dabei die Oberfläche der Terrine bis zum Rand flach ausstreichen. Mit Deckel oder Alufolie gut verschließen

und die Terrine im Wasserbad im Ofen ca. 40 Minuten pochieren. Nach dem Garen die Gemüseterrine in der Form auskühlen lassen.

4 Für die Tomatenvinaigrette in einem Topf Wasser zum Kochen bringen, die Cherrytomaten ein paar Sekunden eintauchen, danach die Haut abziehen. Tomaten achteln, dabei die Kerne entfernen. In einer kleinen Schüssel die Tomatenachtel mit Balsamico, Olivenöl, Salz und Pfeffer vermischen.

5 Zum Servieren die Terrine vorsichtig aus der Form stürzen, in 2 cm dicke Scheiben schneiden und auf Teller geben. Mit Tomatenvinaigrette umgießen, mit Brunnenkresse garnieren.

PROFITIPP **Wer die Terrine lieber ohne Fleisch zubereiten möchte, kann folgendes Rezept ausprobieren: Als Einlage dieselbe Mischung von Gemüsen verwenden wie oben beschrieben. Statt der Geflügelfarce 250–300 g Blumenkohl, Knollensellerie oder Erbsen weich kochen, fein pürieren, mit 50 g Butter und 125 ml Sahne vermischen, nach Belieben würzen. Im noch heißen Püree 5 eingeweichte und ausgedrückte Gelatineblätter auflösen. Dieses Püree abwechselnd mit den Gemüsestücken und -streifen in eine Terrine schichten, glatt streichen und im Kühlschrank mindestens 6 Stunden oder über Nacht kalt stellen. Dazu passt dieselbe Tomatenvinaigrette wie oben beschrieben, oder eine normale Vinaigrette, nach Belieben mit gehackten Sommerkräutern angereichert. Terrinen und Gelees sind immer etwas arbeitsaufwändig, lassen sich aber gut vorbereiten und hinterlassen bei den Gästen großen Eindruck. Für die Garnitur auf dem Teller gibt es keine Grenzen: seien es bunte Saucen aus Gemüsepüree (z.B. aus verschiedenfarbigen Paprika, Karotten oder Rote Bete, mit Sahne oder Olivenöl angereichert) oder Frischkäsesaucen mit gehackten Kräutern, Blattsalate mit Nüssen, gemischte Kräuter und Blüten usw. In jedem Fall wird die Präsentation des Gerichtes durch die persönliche Handschrift des Kochs geprägt.**

Gottfried Bachler, Restaurant Bachler, Althofen, Österreich

Kohlrabisalat mit schwarzen Johannisbeeren

200 g Kohlrabi, geschält
200 ml Gemüsebrühe

200 g reife schwarze Johannisbeeren, sorgfältig von den Stielen gepflückt
1½ EL Honig
1½ TL Essig aus Trockenbeerenauslese (oder ein anderer milder Essig)
2 Gelatineblätter

Für die Garnitur:
Spitzen von der Apfelminze

1 Die Kohlrabi zuerst in Scheiben, dann in gleichmäßige, 3–4 mm große Würfel schneiden. Die Gemüsebrühe in einem kleinen Topf zum Kochen bringen, die Kohlrabiwürfel zugeben, 2–3 Minuten blanchieren, danach im Sieb gut abtropfen und erkalten lassen.

2 Die schwarzen Johannisbeeren mit einem Spritzer Wasser in einen kleinen Topf geben und zum Kochen bringen. Den Honig und den Essig unterrühren, kurz mitkochen, dann die Beeren im Mixer grob pürieren. Die Gelatineblätter in kaltem Wasser einweichen, ausdrücken und im warmen Johannisbeerpüree auflösen. In Gläser verteilen, erkalten und im Kühlschrank 1 Stunde fest werden lassen.

3 Zum Servieren die blanchierten Kohlrabiwürfel über den gelierten Johannisbeeren auftürmen, mit Minze garnieren und servieren.

PROFITIPP **Eine kleine, raffinierte Vorspeise oder Amuse-bouche, die sowohl Augen wie auch Gaumen in ungewohnter, gewagter Kombination erfreuen wird. Schwarze Johannisbeeren fristen wegen ihres leicht herben Geschmacks ein eher unbekanntes Dasein, außer in Säften und Gelees sind die Vitamin-C-reichen Beeren hierzulande kaum bekannt. Populärer und damit um einiges beliebter sind sie bei den französischen Nachbarn in Form von Likör – als Crème de Cassis aromatisiert und färbt er z. B. Champagner und lässt ihn unter dem Namen Kir Royal zur Berühmtheit werden.**

Gebackener Auberginensalat

1 kg Auberginen

200 g Tomaten
1 kleine Zwiebel
1 Knoblauchzehe
5 EL Olivenöl
2 EL Sherryessig
Salz, Pfeffer

Für die Garnitur:
ca. ¼ grüne Gemüsepaprika
150 g Rucola

1 Backofen auf 160 °C vorheizen. Die Auberginen waschen und ganz auf einem Blech ca. 1 Stunde im heißen Ofen weich backen. Danach die Haut von den Auberginen dünn abschälen, die Auberginen der Länge nach halbieren und die Kerne entfernen. Das Fruchtfleisch in Würfel schneiden.

2 Tomaten in kochendem Wasser blanchieren, die Haut abziehen, die Kerne entfernen und die Tomaten fein würfeln. Zwiebel und Knoblauch ebenfalls schälen und sehr fein würfeln. In einer Schüssel das Olivenöl mit den Zwiebel- und Knoblauchwürfelchen, Essig, Salz und Pfeffer gut verrühren. Tomaten- und Auberginenwürfel zugeben, vermischen und abschmecken, dann 1–2 Stunden marinieren.

3 Paprika sorgfältig von Kernen und weißen Trennwänden befreien und der Länge nach in dünne Streifen schneiden.

4 Rucolablätter waschen, gut abtropfen lassen, auf einem Tuch trocknen.

5 Zum Servieren auf jeden Teller ein Bett aus Rucolablättern anrichten, den Auberginensalat darüber geben und mit Paprikastreifen garnieren.

PROFITIPP **Auberginen schmecken roh nicht – das Backen im Ganzen für diesen Salat bewirkt, dass sich das im Rohzustand eher schwammige Fruchtfleisch der Aubergine nicht mit Öl vollsaugt.**

Asiatischer Gemüse-Glasnudelsalat

150 g Glasnudeln

100 g rohe Champignons, geputzt
100 g Karotte, geschält
60 g Sellerie, geschält
60 g Zuckerschoten, geputzt

3 EL Sesamöl
3 EL Sojasauce
200 ml Gemüsefond

1 EL Balsamico
2 EL Sesamöl
Sojasauce zum Abschmecken
Salz, Pfeffer

1 Die Glasnudeln gemäß Packungsanweisung entweder kurz kochen oder in heißem Wasser einweichen, danach im Sieb kalt abspülen und abtropfen lassen.

2 Die Champignons in Scheiben schneiden, Karotte, Sellerie und Zuckerschoten in feine Streifen (Juliennes) schneiden.

3 Das Sesamöl in einer Pfanne erhitzen. Karottenstreifen und Champignons bei kleiner Hitze kurz anschwitzen, ohne Farbe nehmen zu lassen. Mit Sojasauce ablöschen, den Sellerie zufügen, kurz mitschmoren, dann die Zuckerschoten mitgaren. Nun den Gemüsefond zugeben, zum Kochen bringen und danach abkühlen lassen. Das Gemüse soll noch Biss haben.

4 Zum Schluss die Glasnudeln unter das abgekühlte Gemüse mischen, mit Balsamico, Sesamöl, Sojasauce, Salz und Pfeffer würzen.

PROFITIPP **Ein wunderbar erfrischender, leichter Salat, der sich als Vorspeise anbietet oder als Beilage zu gegrillten Garnelen oder zu Fisch. Nach Belieben kann der Salat mit Chili »verschärft« werden. Eine rote Chilischote (entkernt und in dünne Ringe geschnitten) ergibt eine schöne Garnitur und kann beim Essen, wenn es jemand nicht mag, leicht entfernt werden.**

Gebackener marinierter Spargel mit Löwenzahn und Schinkenvinaigrette

20 Stangen weißer Spargel
2–3 EL Sherryessig

20 große Frühlingsrollenblätter
4 Eigelb
1 EL Sesam
2 EL gehackter Estragon
Öl zum Frittieren

2 Bund gelber Löwenzahn
8 Radieschen

Für die Schinkenvinaigrette:
80 g gekochter Schinken, in Würfel geschnitten
4 Schalotten, in Würfel geschnitten
2 EL Sonnenblumenöl
4 EL Sherryessig
200 ml Hühnerbrühe
2 Thymianzweige
Salz, Pfeffer
6 EL Sonnenblumenöl

1 Am Vortag den Spargel schälen und in Salzwasser knapp gar kochen, danach die Spargelstangen in eine passende Form legen. Etwas von dem noch heißen Spargelsud mit Sherryessig ansäuern und über den Spargel gießen, dann den Spargel im Kühlschrank 24 Stunden marinieren.

2 Den marinierten Spargel aus dem Fond nehmen und mit Küchenpapier gut trocken tupfen. Die Frühlingsrollenteigblätter flach ausbreiten und mit Eigelb ganz bepinseln. Mit Sesamsamen und gehacktem Estragon gleichmäßig bestreuen und die Spargelstangen einzeln darin einrollen, dabei soll die Spargelspitze etwa 2 cm aus dem Teig herausragen (den überstehenden Teig abschneiden). Nach und nach den eingepackten Spargel im heißen Frittieröl je ca. 1 Minute kross ausbacken und auf Küchenpapier abtropfen lassen. (Vorsicht: Beim Frittieren nicht den ganzen Spargel auf einmal in das Öl geben, sonst kühlt das Öl zu sehr ab.)

3 Vom Löwenzahn den Wurzelteil großzügig abschneiden, die zarten Blätter waschen, danach 3–5 Minuten in lauwarmes Wasser einlegen (das zieht die Bitterstoffe heraus). Den Löwenzahn anschließend 2 Minuten in sehr kaltes Wasser legen (so werden die Blättchen wieder knackig). Die Radieschen waschen und in Scheiben schneiden.

4 Für die Schinkenvinaigrette die Schinken- und Schalottenwürfel in einem kleinen Topf im Sonnenblumenöl bei kleiner Hitze dünsten, mit Essig und Brühe ablöschen, die Thymianzweige hinzufügen, einmal aufkochen, dann das Ganze ca. 5 Minuten mit Deckel ziehen lassen. Nun das Dressing mit Salz und Pfeffer abschmecken, den Thymian entfernen, zum Schluss das Sonnenblumenöl unterrühren.

5 Zum Servieren den Löwenzahnsalat mit Radieschen dekorativ in die Mitte der Teller anrichten, mit lauwarmer Schinkenvinaigrette übergießen und das Ganze mit den knusprig gebackenen Spargelstangen garnieren.

PROFITIPP Frühlingsrollenteig ist heute außer im Asiageschäft bereits in gut ausgestatteten Supermärkten in tiefgekühlter Form erhältlich. Die hauchdünnen Teigplatten sind zerbrechlich und werden erst durch das Frittieren im heißen Öl fest und knusprig. Spargel als das klassische Frühjahrs-/Frühsommergemüse kommt dem Wunsch der meisten Menschen, im Frühjahr alles neu werden zu lassen und zu reinigen, durch seine entwässernde und damit entschlackende Wirkung entgegen. Außerdem ist er kalorienarm und lässt sich auf vielfältige Weise zubereiten und kombinieren. Unser Rezept ist zwar nicht ausgesprochen kalorienarm, wird aber selbst dem größten Gemüsemuffel nicht ganz unsympathisch erscheinen. Wer es vorzieht, kann auch grünen Spargel dazu verwenden.

Spargelsalat mit gegrillten Garnelen und frischen Gartenkräutern

1 Bund weißer Spargel
1 Bund grüner Spargel
Saft von ½ Zitrone
1 Zwiebel, geschält und fein gewürfelt
2 EL Olivenöl
50 g Zucker
40 g Honig
250 ml weißer Aceto Balsamico
Salz, Pfeffer
1 Spritzer Zitronensaft
12 Kirschtomaten, 50 g Butter
2 EL gehackte Gartenkräuter
(z. B. Kerbel, Schnittlauch, Petersilie
und Basilikum)

20 geschälte und gesäuberte Garnelen
(oder Flusskrebse)
3 EL Olivenöl, 50 g Butter
Salz, Pfeffer, 1 Spritzer Zitronensaft

400 g Blattsalat, geputzt und gewaschen (z. B. Lollo rosso/bianco, Eichblattsalat, Radicchio und Rucola)

Für die Garnitur:
Gartenkräuter (die gleichen, die für den Spargelsalat verwendet wurden)
20 Gänseblümchen
5 Majoranblüten

1 Den weißen Spargel mit einem Sparschäler ganz schälen, vom grünen Spargel nur das untere Drittel. Dann die Spargelstangen quer dritteln und in kochendem Salzwasser mit Zitrone bissfest kochen. Danach im Sieb gut abtropfen lassen. Zwiebelwürfel in einer Pfanne mit Olivenöl anschwitzen, die Spargelstücke zugeben und mitbraten. Zucker und Honig unterrühren, bei mittlerer Hitze unter Rühren hellbraun karamellisieren. Mit Balsamico ablöschen, leicht einkochen, mit Salz, Pfeffer und wenig Zitronensaft abschmecken. Die Kirschtomaten vierteln und unter die lauwarmen Spargelstücke mischen. Die Butter zugeben und schmelzen lassen, mit den gehackten Gartenkräutern bestreuen.

2 Garnelen- oder Krebsschwänze in der Pfanne im Öl goldbraun anbraten. Pfanne vom Herd ziehen, die Butter zugeben, mit Salz, Pfeffer und Zitronensaft würzen.

3 Zum Servieren die Salatblätter auf Teller verteilen, die Spargelrauten darüber geben, so dass der Sud als Dressing dient. Mit den gebratenen Garnelen oder Flusskrebsen, Gartenkräutern, Gänseblümchen und Majoranblüten garnieren.

Geschmortes, eingelegtes Gemüse

4 Fenchelknollen
je 2 rote und gelbe Paprika
12 Schalotten
2 Knoblauchzehen

4 EL Olivenöl, 3 Sardellen
1 Chilischote, 10 rosa Pfefferkörner
7 Thymianzweige, 5 Rosmarinzweige
2 Lorbeerblätter
300 ml Gemüse- oder Kalbsfond
1 Msp. Safran
Salz, Pfeffer, 1 Prise Zucker
2 EL Zitronensaft
2 EL Champagneressig
1 Schuss Weißwein
200 ml gutes Olivenöl

1 Fenchelknollen putzen, waschen und vierteln. Gut gesalzenes Wasser zum Kochen bringen, den Fenchel 2 Minuten blanchieren, in Eiswasser abschrecken, dann die äußere Schicht mit den groben Fasern entfernen. Gut abtropfen lassen. Die Paprikaschoten mit einem Sparschäler enthäuten, halbieren und entkernen. Fruchtfleisch in große Rauten schneiden. Schalotten und Knoblauch schälen und in Juliennes (feine Streifen) schneiden.

2 In einem Topf das Olivenöl erwärmen, die Sardellen dazugeben und mit einem Schneebesen verrühren, bis sie sich auflösen. Nun die Schalotten und den Knoblauch hinzugeben und kurz mitgaren. Die Chilischote halbieren und entkernen, mit den rosa Pfefferkörnern, Thymian, Rosmarin und Lorbeerblättern ins Öl geben und etwas ziehen lassen, anschließend den Fenchel und die Paprika hinzufügen. Mit Fond aufgießen, Safran unterrühren, dann das Ganze zugedeckt 5 Minuten kräftig kochen. Den Topf vom Herd ziehen und das Gemüse ca. 20 Minuten ziehen lassen. Mit Salz, Pfeffer, Zucker, Zitronensaft, Champagneressig und Weißwein abschmecken, zuletzt das Olivenöl in die warme Flüssigkeit einrühren und das Gemüse sofort in ein sauberes Einmachglas umfüllen. Mindestens 24 Stunden kalt stellen.

PROFITIPP **Dieses Gemüse passt hervorragend zu allen Fischgerichten, aber auch zu leichten Fleisch- und Geflügelgerichten. Vor dem Servieren im Sud erwärmen. Statt Fenchel und Paprika können auch Karotten, Blumenkohl und Broccoli in der angegebenen Weise eingelegt werden.**

Karotten-Weintraubengemüse

600 g junge Karotten
200 g blaue Trauben

50 g Butter
Salz
2 TL Zucker
½ TL Vanillezucker
Salz

1 Die Karotten waschen, schälen und in dünne Scheiben schneiden. Die Trauben waschen, halbieren, die Kerne entfernen.

2 In einer Pfanne die Butter zerlassen. Die Karottenscheiben zugeben, mit Salz, Zucker und Vanillezucker bestreuen und bei kleiner Hitze knackig gar dünsten und leicht karamellisieren. Die halbierten Trauben zugeben, mit den Karotten langsam heiß werden lassen. Mit Salz abschmecken.

PROFITIPP Die Süße der Karotten harmoniert in interessanter Weise mit der leichten Säure der Trauben. Diese aparte Kombination passt als Beilage hervorragend zu Perlhuhn oder Fasan.

Eine weitere gelungene süßsaure Verbindung von Gemüse und Obst ist ein Paprika-Aprikosengemüse: Dazu werden Paprikawürfel und Aprikosenspalten mit etwas gehacktem Knoblauch und Ingwer in Olivenöl angedünstet, mit Weißwein abgelöscht, mit Zitronenabrieb, Zimt, Zucker, Salz und Pfeffer gewürzt und nur kurz gegart, dann vor dem Servieren mit etwas grob gehacktem Koriandergrün bestreut. Passt wunderbar zu Schweinefilet, Entenbrust und Wildgeflügel.

Variationen von Frühlings- und Sommergemüse

Grundfond für das Gemüse:
500 ml Geflügelfond
4 EL Noilly Prat
50 g Butter, Salz, Pfeffer

250 g grüner Spargel
1 TL Zucker
150 g Blumenkohl
1 Aubergine

12 Schalotten
3 EL Olivenöl
Salz, Pfeffer
2 Thymianzweige

2 Chicoréestauden
2 EL Olivenöl
1 EL Noilly Prat
2 Thymianzweige

8 Mini-Karotten
1 EL Zucker
1 EL Butter

1 Zucchino
Salz, Pfeffer
1 EL Butter
2 Thymianzweige

4 kleine Rote Bete
8 Frühlingszwiebeln

1 Fenchel
2 EL Olivenöl
100 ml Weißwein
1 EL Noilly Prat
Salz, Pfeffer

1 Bund Brunnenkresse

1 Für den Grundfond den Geflügelfond mit Noilly Prat und Butter aufkochen, mit Salz und Pfeffer würzen.

2 Den Spargel schälen und in etwas Grundfond mit Zucker weich kochen. Den Blumenkohl in kleine Röschen schneiden, getrennt in wenig Grundfond weich kochen, die Aubergine in dünne Scheiben schneiden und ebenfalls in Grundfond gar kochen.

3 Backofen auf 180 °C vorheizen. Schalotten schälen, in einem kleinen Bräter im Olivenöl anschwitzen, mit Salz und Pfeffer würzen und zugedeckt im Ofen ca. 20 Minuten weich schmoren. In den letzten Minuten die Thymianzweige dazugeben.

4 Chicoréestauden halbieren, im Öl anbraten und mit Noilly Prat ablöschen, mit etwas Grundfond aufgießen und mit Thymianzweigen weich kochen.

5 Karotten schälen, mit Zucker und Butter anschwitzen und leicht karamellisieren. Etwas Grundfond dazugießen und abgedeckt weich garen.

6 Zucchino in dünne Scheiben schneiden, mit Salz, Pfeffer, Butter und Thymianzweigen weich dünsten.

7 Rote Bete mit Schale in Grundfond weich kochen und schälen. Frühlingszwiebeln putzen, in Grundfond gar kochen.

8 Fenchel vierteln, in Öl anschwitzen, mit Weißwein und Noilly Prat ablöschen. Mit Grundfond auffüllen. Salzen, pfeffern und weich köcheln.

9 Von der Brunnenkresse die Blätter abzupfen und waschen.

10 Zum Servieren die verschiedenen Gemüsesorten farblich abwechselnd auf vorgewärmten Tellern anrichten, mit Brunnenkresseblättchen bestreuen.

PROFITIPP **Wermut am Gemüse? Noilly Prat hilft, den Eigengeschmack gewisser Gemüsesorten hervorzuheben. Dieses farbenfrohe Rezept kann vielseitig variiert werden – je nachdem ob es als Beilage zu Fleisch oder Fisch, oder ob es als vegetarisches Hauptgericht ins Menü eingeplant wird, kann das eine oder andere Gemüse nach Vorliebe oder Marktangebot ausgewechselt oder weggelassen werden. Und genauso soll es als Anregung dienen, bei einer anderen Gelegenheit Teile daraus in anderen Kombinationen auszuprobieren. Beispielsweise Fenchel mit einem Fischrezept oder die Schalotten und die Karotten zu einem Braten – der Fantasie sind keine Grenzen gesetzt.**

Mediterranes gebratenes Frühlingsgemüse

8 kleine, zarte Artischocken
Saft von ½ Zitrone

250 g Dicke Bohnen, aus den Hülsen gebrochen (ungepult ca. 800 g)

1 Schalotte
2 Zehen von jungem Knoblauch

100 ml natives Olivenöl
200 g junge Erbsen (ausgehülst)
200 ml Wasser
1 kleiner Thymianzweig
Salz, schwarzer Pfeffer aus der Mühle

1. Von den Artischocken die äußeren Blätter entfernen, die harten Blattspitzen oben mit einem scharfen Messer abschneiden, Artischocken in Scheiben schneiden oder vierteln und sofort in Zitronenwasser legen, damit sie nicht schwarz werden.

2. Dicke Bohnen in Salzwasser 1–2 Minuten blanchieren und die milchigen zähen, leicht bitteren Häutchen entfernen.

3. Schalotte und Knoblauch schälen und fein schneiden.

4. In einer Pfanne das Olivenöl erhitzen. Schalotte und Knoblauch anschwitzen, dann die Bohnenkerne, die Erbsen und die abgetropften Artischocken zugeben, unter Rühren anbraten. Mit Wasser ablöschen, den Thymianzweig zugeben, mit Salz und Pfeffer würzen. Das Gemüse in 15–20 Minuten fertig köcheln.

PROFITIPP **Dieses überaus zarte Frühlingsgemüse passt zu jedem gegrillten oder im Backofen zubereiteten Fisch. Man kann es auch als Suppe zubereiten, dann einfach mehr Wasser zugeben, mit einem Schuss Weißwein abschmecken und geröstetes Schwarzbrot, belegt mit pikantem Pecorino und viel schwarzem Pfeffer als Beilage reichen.**

Eingelegte Paprikaschoten

4 große rote Paprikaschoten

125 ml Essig, 125 ml Wasser
1 EL Salz, Pfeffer aus der Mühle

4 Knoblauchzehen
200 ml natives Olivenöl

1 Backofen auf 180 °C vorheizen. Paprikaschoten waschen, trocknen und auf ein gefettetes Backblech legen. Im heißen Backofen rösten, bis die Haut beginnt schwarz zu werden und Blasen zu schlagen, dabei die Paprika hin und wieder umdrehen. Die Schoten in ein feuchtes Tuch schlagen und 5 Minuten ruhen lassen. Die verbrannte Haut mit dem Tuch abreiben, dann die Stiele mit den Kernen herausziehen, das Fruchtfleisch in Viertel schneiden.

2 Essig mit Wasser, Salz und Pfeffer in einer Schüssel verrühren, bis sich das Salz aufgelöst hat. Paprikaviertel zugeben und in der Marinade wenden, bis sie gut überzogen sind. 2–3 Stunden marinieren, hin und wieder wenden.

3 Die Knoblauchzehen schälen und in dünne Scheiben schneiden. Die Paprikaschoten aus der Marinade nehmen, gut abtropfen lassen und in eine flache Form legen. Mit Knoblauchscheiben bestreuen und mit dem Olivenöl übergießen, darauf achten, dass die Schoten überall mit Öl überzogen sind. Über Nacht ziehen lassen, hin und wieder die Platte schwenken, damit sich alles gut vermischt.

PROFITIPP **Diese klassische, ursprünglich in Südfrankreich verwurzelte Rezeptvariante von eingelegten Paprika eignet sich zusammen mit Käse, Oliven und Brot als kleiner Imbiss oder als Beilage zu Hackfleischgerichten und Grilladen. Im Kühlschrank sind die Paprika ein paar Tage haltbar. Das Rösten im Backofen bewirkt nicht nur, dass sich die Haut leicht ablösen lässt, das Aroma der Paprika verstärkt sich um ein Vielfaches. Auch das Öl nimmt Geschmack von den Paprika auf und kann mit Brot aufgetunkt oder für einen Salat oder eine Grillade weiterverwendet werden. Zur farblichen Abwechslung können auch gelbe Paprika mitgeröstet werden.**

Asiatisches Gemüse aus dem Wok

je 1 rote und 1 gelbe Paprika
5 Stangen Staudensellerie
200 g Babymaiskolben
200 g Minispargel (oder dünne grüne Spargelstangen, wilder Spargel)
10 Stück Cherrytomaten, gewaschen und halbiert
1 Mango

1 Gemüsezwiebel, grob gewürfelt
1 TL gehackter Ingwer
1 TL gehackter Knoblauch
4 EL Rapsöl
1–2 EL Bio-Sojasauce
100–200 ml Gemüsebrühe
1 TL Kashmiri Masala-Currypaste

3 EL weiße Sesamsamen

1 Paprika halbieren, entkernen und in nicht zu dünne Streifen schneiden, den Staudensellerie schälen und schräg in Rauten schneiden, die Maiskölbchen längs halbieren und in 3 cm große Stücke schneiden. Grünen Spargel putzen, in 3 cm lange Stücke schneiden, die Cherrytomaten waschen und halbieren, die Mango schälen, das Fruchtfleisch würfeln.

2 Gemüsezwiebeln mit Ingwer und Knoblauch im Wok in Rapsöl unter Rühren anschwitzen, ohne Farbe nehmen zu lassen. Paprikastreifen, Staudensellerie und Mais nach und nach zugeben, unter Rühren mitdünsten. Mit Sojasauce und einem Schuss Gemüsebrühe ablöschen. Die Spargelstücke zugeben und unter Rühren kurz köcheln, zum Schluss die Cherrytomaten und Mangowürfel zugeben. Bei Bedarf etwas mehr Gemüsebrühe aufgießen. Mit Currypaste würzen, mit Sojasauce abschmecken und nur noch kurze Zeit garen, das Gemüse sollte bissfest bleiben.

3 Die Sesamsamen in einer Pfanne ohne Fett bei mittlerer Hitze hellbraun rösten.

4 Zum Servieren das Gemüse auf Teller anrichten und mit frisch gerösteten, duftenden Sesamsamen bestreuen. Als Beilage passt Basmatireis.

PROFITIPP **Ein würziges und doch leichtes Gericht, das bei Bedarf mit Hühnerbruststreifen oder Garnelen angereichert werden kann.**

Schaschlik von mariniertem buntem Gemüse mit Broccolisalat

Für die Schaschlikspieße:
2 Fenchelknollen
je 1 rote und 1 gelbe Paprika
1 unbehandelte Limette

Für die Marinade:
1 Limette
4 EL Leinöl
4 TL körniger Senf
2 Knoblauchzehen, durch die Presse gedrückt
1 EL gehackter Thymian
Salz, Pfeffer

Für den Broccolisalat:
800 g Broccoli
1 TL Salz
2 TL Zucker, 1 EL Rapsöl

Für das Dressing:
2 EL Sojasauce
2 EL Kräuteressig
2 EL Rapsöl
1 EL Senf
½ TL Zucker
Salz , weißer Pfeffer
2 Zwiebeln

Für die Garnitur:
2 Eier, 3 Tomaten

1. Für die Schaschlikspieße die Fenchelknollen längs vierteln, die Paprika entkernen und in ähnlich große Stücke schneiden, beides in eine flache Form legen. Die unbehandelte Limette waschen und in 8 Spalten schneiden, beiseite legen.

2. Für die Marinade die Limette auspressen, den Saft mit Leinöl, Senf, Knoblauch und Thymian verrühren, mit Salz und Pfeffer würzen. Die Marinade über das Gemüse gießen, gut vermischen und 1 Stunde ziehen lassen.

3. Vier Holzspieße mit den vorbereiteten Fenchel-, Paprika- und Limettenstücken farblich abwechselnd bestecken.

4. Den Grill auf mittlere Hitze stellen, die Spieße ca. 10 Minuten auf dem Grill rösten. Dabei die Gemüsespieße mehrfach wenden und immer wieder mit etwas Marinade bepinseln.

5 Broccoli für den Salat putzen und in Röschen teilen, die dicken Stiele entfernen. In einem Topf 1 Liter Wasser mit Salz, Zucker und Rapsöl zum Kochen bringen, Broccoliröschen zugeben und 3 Minuten kochen. Durch ein Sieb abgießen, Broccoli in Eiswasser abschrecken und gut abtropfen lassen.

6 Für das Dressing die Sojasauce mit Kräuteressig, Rapsöl, Senf und Zucker gut verrühren, mit Salz und Pfeffer abschmecken. Die Zwiebeln schälen, fein würfeln, zum Dressing geben. Über den Broccoli gießen, vorsichtig vermischen und ca. 1 Stunde ziehen lassen.

7 Für die Garnitur die Eier hart kochen, kalt abschrecken, schälen und fein würfeln. Tomaten in kochendem Wasser blanchieren, enthäuten, entkernen und ebenfalls in kleine Würfel schneiden.

8 Den Broccolisalat vor dem Servieren mit den vorbereiteten Tomaten- und Eiwürfelchen bestreuen. Zu den Gemüsespießen anrichten.

PROFITIPP **Die Holzspieße vor dem Bestecken in Limettenwasser einlegen, dann verbrennen sie nicht so schnell. Wenn über Holzkohle gegrillt wird, sollte eine Aluschale oder Alufolie zwischen Gargut und Glut gelegt werden, damit kein Saft in die Glut tropfen kann.**
Diese Schaschlikspieße und der Broccolisalat sind zwei von vielen leckeren Möglichkeiten, einen Grillabend farbenfroh, gesund und abwechslungsreich zu gestalten.
Natürlich geht's auch ohne Grill: Die Schaschlikspieße können in der Pfanne mit etwas Olivenöl gebraten werden, passend zu Fleischstücken und Fisch aus der Pfanne oder aus dem Backofen. Broccoli eignet sich übrigens, anders als Blumenkohl, nicht zum Rohessen, er sollte immer mindestens knackig-bissfest gegart werden.

Gemüseflan mit Paprikawürfeln mit Käsefonduesauce

Für die Fonduesauce:
200 g Fontina , 250 ml Milch
frisch geriebene Muskatnuss
Salz, Pfeffer, 3 Eigelb

Für den Gemüseflan:
1 Karotte, ca. 150 g
1 Zucchino, ca. 200 g
1 rote Paprika
1 mittelgroße Zwiebel, gehackt
2 EL Olivenöl
Salz, Pfeffer

3 Eier
50 g geriebener Parmesan
1 TL gehackter Thymian

1 Für die Fonduesauce am Vorabend den Fontinakäse würfeln, mit der Milch in eine Schüssel geben. Mit Muskat, Salz und Pfeffer würzen, über Nacht ziehen lassen.

2 Für den Gemüseflan die Karotte schälen und in Stücke schneiden, den Zucchino waschen und ebenfalls in Stücke schneiden. Die Paprika waschen, halbieren, entkernen, das Fruchtfleisch klein würfeln. Zwiebel in einem Topf im Öl andünsten, Karotten- und Zucchinistücke hinzugeben. Mit Wasser auffüllen, bis alles knapp bedeckt ist, bei kleiner Hitze weich kochen. Im Mixer fein pürieren, dann die Paprikawürfel roh unterrühren, mit Salz und Pfeffer würzen, abkühlen lassen.

3 Backofen auf 180 °C vorheizen und ein Wasserbad vorbereiten. Eier trennen, das Eiweiß steif schlagen. Nach und nach Eigelb, Parmesan und Thymian unter das Gemüsepüree rühren, zum Schluss den Eischnee unterheben. Die Masse in eine passende gebutterte Form oder in kleine Portionsförmchen geben und im Wasserbad im Backofen 40–50 Minuten garen. Die Flans in der Form etwas abkühlen lassen.

4 Zur Zubereitung der Fonduesauce den Käse in der Milch im Wasserbad bei niedriger Hitze langsam zergehen lassen, dabei immer wieder umrühren. Wenn der Käse geschmolzen ist, die Eigelbe nach und nach unterrühren.

5 Zum Servieren den Gemüseflan lauwarm auf Servierteller stürzen, die warme Fonduesauce darüber geben. Mit frisch gemahlenem Pfeffer dekorieren.

Tomaten-Ziegenkäsetarte

1,5 kg Tomaten
5 EL Olivenöl
1 EL Zucker

125 ml Wasser
1 Prise Zucker
10 g frische Hefe
200 g Mehl
1 EL Olivenöl

½ TL Salz
1 TL Fenchelsaat
Butter für die Form

500 g junger Ziegenkäse
Salz, schwarzer Pfeffer aus der Mühle

gezupfte Basilikumblätter von
1 Zweig

1 Tomaten in kochendem Wasser blanchieren, dann die Haut abziehen. Tomaten halbieren, entkernen und mit der Schnittstelle nach unten auf ein gefettetes Blech geben. Mit Olivenöl beträufeln, mit Zucker bestreuen, dann die Tomaten während ca. 2 Stunden im Backofen bei 100 °C trocknen.

2 Für den Teig das Wasser mit Zucker erwärmen (ca. 35 °C), die Hefe hineinbröckeln und auflösen. Das Mehl mit Olivenöl, Salz und Fenchelsaat hinzufügen und alles zu einem glatten Teig kneten. Den Teig, mit einem Tuch bedeckt, an einem warmen Ort 20 Minuten ruhen und gehen lassen. Danach den Teig nochmals kräftig kneten. Eine Tarteform von 28 cm Durchmesser mit Butter auspinseln, dann mit dem Teig dünn auslegen, dabei den Rand 2–3 cm hochziehen. Nochmals zugedeckt 20 Minuten ruhen lassen, dann den Teigboden mit einer Gabel regelmäßig einstechen.

3 Backofen auf 200 °C vorheizen. Den Ziegenkäse in dünne Scheiben schneiden und abwechselnd mit den Tomaten ziegelförmig in die Form schichten. Mit etwas Salz und frisch gemahlenem schwarzen Pfeffer bestreuen. Die Tarte im Backofen ca. 20 Minuten goldbraun backen.

4 Zum Servieren die warme Tarte in Stücke schneiden, mit gezupften Basilikumblättern bestreuen und servieren. Als Beilage passt frischer, gemischter Blattsalat.

Gefüllte, überbackene Frühlingskartoffeln

4 große, neue Frühlingskartoffeln
1 TL Kümmel

Für die Füllung:
2 Frühlings- oder Lauchzwiebeln
1 kleines Bund Petersilie
1 Thymianzweig
100 g Champignons
2 EL Butter
Salz, Pfeffer
200 g Crème fraîche

2 EL geriebener Parmesan

1. Die Frühlingskartoffeln gründlich waschen und in einem Topf mit Salzwasser und ein wenig Kümmel weich kochen, danach aus dem Wasser nehmen und ausdampfen lassen.

2. Für die Füllung die Frühlingszwiebeln putzen, waschen und in feine Scheiben schneiden. Die Kräuter ebenfalls waschen, danach trocknen, von den Stielen zupfen und fein hacken. Die Champignons putzen und in Scheiben schneiden. Die Butter in einer Pfanne erhitzen und die geschnittenen Champignons darin heiß anbraten. Die geschnittenen Frühlingszwiebeln und Kräuter zugeben und kurz mitbraten, mit Salz und Pfeffer würzen. Die Pfanne vom Herd nehmen und abkühlen lassen.

3. Backofen auf 160 °C vorheizen. Den Kartoffeln der Länge nach einen Deckel abschneiden, danach die Kartoffeln mit einem Kaffeelöffel vorsichtig aushöhlen. Den Kartoffelinhalt und die Deckel ohne Schale mit einer Gabel zerdrücken und mit zu den Champignons in die Pfanne geben. Nun die Crème fraîche in die Pfanne geben und alles gut durchmischen. Zum Kochen bringen, mit Salz und Pfeffer abschmecken. Die ausgehöhlten Kartoffeln in eine gefettete Form geben, mit der Masse füllen, mit Parmesan bestreuen. Die gefüllten Frühlingskartoffeln im Backofen 10–15 Minuten backen.

PROFITIPP Als Beilage passt am besten ein Blattsalat und Kräuterquark. Diese gefüllten Frühlingskartoffeln können aber auch als Beilage zu einem gegrillten, mageren Fleisch dienen.

Dinkel-Gemüsepfanne mit Feta und Joghurt-Minzesauce

250 g ganzer Dinkel
1 Zwiebel
3 EL Rapsöl
700 ml Gemüsebrühe

½ Bund Minze
250 ml Joghurt
1 Limette
Salz, frisch gemahlener Pfeffer
2 EL Bio-Rapsöl

300 g frischer, zarter Spinat
1 Zwiebel
2 EL Rapsöl
250 g Cherrytomaten
Salz, Pfeffer

100 g Fetakäse

1 Den Dinkel über Nacht in einem halben Liter Wasser einweichen. Zwiebel schälen und fein würfeln. Den eingeweichten Dinkel in einem Sieb abtropfen lassen. Rapsöl in einem Topf erhitzen und die Zwiebeln glasig dünsten, Dinkel zugeben, etwas mitdünsten und mit Gemüsebrühe auffüllen. Zugedeckt etwa 20 Minuten bei mittlerer Hitze garen.

2 Die Minze waschen, klein schneiden, ein paar Blätter für die Garnierung zurückbehalten. Joghurt mit dem ausgepressten Saft der Limette und der gehackten Minze glatt rühren, salzen und pfeffern. In ein Schälchen geben und mit dem Rapsöl beträufeln.

3 Spinatblätter waschen und putzen, die Zwiebel fein würfeln. Das Rapsöl in einer Pfanne erhitzen und die Zwiebelwürfel darin andünsten, Spinatblättchen und Tomaten zugeben. Etwa 2–3 Minuten durchschwenken, dann den gekochten Dinkel hinzufügen, gut vermischen und weitere ca. 2 Minuten köcheln. Mit Salz und Pfeffer abschmecken.

4 Zum Servieren den Fetakäse zerbröckeln und über die fertige, heiße Gemüsepfanne geben. Mit Minze garnieren und die Joghurtsauce extra reichen.

Lasagnette mit Frühlingsgemüsen
und Zitronenthymianöl auf roter Paprika-Chilisauce

Für den Nudelteig:
200 g Weizenmehl
50 g Hartweizengrieß
5 Eigelb, 1 Ei
1 Prise Salz, 1 TL Olivenöl

600 g gemischtes frisches Gemüse der Saison, z.B. Saubohnen, geschält, Fingerkarotten und grüner Spargel
100 ml Gemüsebrühe
50 g Butter
Salz, Pfeffer

Für die rote Paprika-Chilisauce:
2 rote Paprikaschoten
1 frische rote Chilischote
3 EL Olivenöl
50 ml Noilly Prat
250 ml Gemüsebrühe, Salz, Pfeffer

Für die gelbe Paprika-Sahnesauce:
1 Schalotte, fein gewürfelt
2 EL Butter
1 gelbe Paprikaschote
1 EL trockener Weißwein
200 ml Gemüsebrühe
200 ml Sahne
Salz, Pfeffer

1 Bund Zitronenthymian
50 ml kalt gepresstes Olivenöl

Kerbel zum Garnieren

1 Für den Nudelteig das Weißmehl mit Grieß, Eigelb, Ei, Salz und Olivenöl zu einem glatten Teig kneten. In Klarsichtfolie einschlagen, für mindestens 30 Minuten ruhen lassen. Auf einer Nudelmaschine dünne Bahnen aus dem Teig herstellen und 8 gleichmäßige Quadrate davon schneiden.

2 Gemüse waschen, soweit nötig putzen und zuschneiden, in reichlich kochendem Salzwasser knapp gar kochen. In Eiswasser abschrecken und abtropfen lassen.

3 Für die rote Paprika-Chilisauce die roten Paprika und die Chilischote vierteln, entkernen, grob schneiden und in Olivenöl anschwitzen. Mit Noilly Prat ablöschen, mit der Gemüsebrühe auffüllen, mit Salz und Pfeffer abschmecken. Paprika weich kochen und im Mixer fein pürieren, dann das Püree durch ein feines Sieb passieren. Warm halten.

4 Für die gelbe Paprika-Sahnesauce die Schalotte in Butter glasig dünsten, ohne sie Farbe nehmen zu lassen. Die entkernte, grob geschnittene gelbe Paprika kurz mitdünsten, dann mit Weißwein ablöschen. Gemüsebrühe und Sahne zugießen, die Paprika bei kleiner Hitze im offenen Topf weich kochen. Im Mixer pürieren und das Püree ebenfalls durch ein feines Sieb passieren. Mit Salz und Pfeffer abschmecken, warm halten.

5 Vom Zitronenthymian vier kleine Zweige für die Garnitur beiseite legen, von den übrigen Zweigen die Blättchen von den Stielen zupfen, in einem kleinen Topf mit Olivenöl vermischen und erwärmen. Auskühlen lassen, im Mixer fein zerkleinern, das aromatisierte Öl durch ein feines Sieb passieren.

6 Die Gemüsebrühe mit der Butter zum Kochen bringen, das vorbereitete Gemüse darin erhitzen. Mit Salz und Pfeffer abschmecken.

7 Die Nudelblätter nach und nach in reichlich Salzwasser 2 Minuten kochen, aus dem Wasser nehmen und abtropfen lassen.

8 Zum Servieren je ein Nudelteigblatt auf die vorgewärmten Teller geben. Das Gemüse dekorativ darauf verteilen und mit einer zweiten Nudelplatte bedecken. Die Lasagnette mit Thymianöl, roter und gelber Paprikasauce be- und umgießen, mit etwas Kerbel und Zitronenthymian garnieren.

PROFITIPP **Dieses leichte, raffinierte Nudelgericht lohnt den etwas größeren Arbeitsaufwand, zumal sich das meiste ohne weiteres vorbereiten lässt. Die verschiedenen Geschmackskomponenten des Gerichts runden sich gegenseitig harmonisch ab, es ist besonders gut auch für ausgeprägte Ästheten geeignet, denn hier gilt einmal mehr: Das Auge isst mit!**

Mecklenburger Bohnen-Schinkenauflauf

1 kg grüne Bohnen
200 g mild geräucherter Schinken
500 g Kartoffeln
4 Bohnenkrautzweige

3 Eier
200 ml Milch
3 EL Crème fraîche
Salz, weißer Pfeffer aus der Mühle
1 Prise frisch geriebene Muskatnuss
1 Spritzer Zitronensaft
Butter für die Form
100 g Hartkäse, gerieben
2 EL Semmelbrösel
2 EL Rapsöl

1 Die Bohnen putzen, waschen, schräg in ca. 1 cm dicke Scheiben schneiden, kurz in Salzwasser blanchieren und eiskalt abschrecken, abtropfen lassen.

2 Den Schinken fein würfeln, die Kartoffeln schälen und in dünne Scheiben schneiden oder hobeln, das Bohnenkraut von den Stielen zupfen und fein hacken.

3 Die Eier mit Milch, Crème fraîche, Salz, Pfeffer, Muskat und Zitronensaft verquirlen. Eine ofenfeste Form mit der Butter einfetten. Den Backofen auf 180 °C vorheizen. Abwechselnd Bohnen, Schinken und Kartoffelscheiben in die Form schichten, die Bohnen dabei mit dem Bohnenkraut bestreuen. Mit der Eimischung begießen, den geriebenen Käse mit Semmelbröseln vermischen und über den Auflauf streuen. Das Ganze mit etwas Rapsöl beträufeln, zudecken und im Ofen ca. 40 Minuten backen, nach etwa 30 Minuten den Deckel abnehmen, damit sich eine Kruste bilden kann.

PROFITIPP **Grüne Bohnen, ein überaus beliebtes Sommergemüse, lassen sich auf vielerlei Arten zubereiten – zu Eintöpfen, Suppen, eingemacht, als Salat oder klassische Beilage zu Lamm- und Rindfleischgerichten. Bohnen sollten stets in gekochtem Zustand verzehrt werden, roh enthalten sie einen leicht giftigen Stoff, der sich beim Kochen verflüchtigt. Bohnen lassen sich sehr gut für den Winter einfrieren, sie sollten zuvor kurz blanchiert werden.**

Gebackene Zucchini mit Käse-Walnuss-Füllung

4 kleine Zucchini

1 Zwiebel, 2 Bio-Knoblauchzehen
2 EL Olivenöl

50 g Walnüsse, 300–400 g Feta
50 g ofengetrocknete Tomaten
100 g Semmelbrösel

2 Bio-Eier
1 Zweig frisch gezupfter Oregano
Himalajasalz
Pfeffermischung aus der Mühle

1 Glas Tomatensauce »All'arrabiata« (350 ml)
100 g Schmant (saure Sahne)

1 Zucchini waschen, längs halbieren, mit einem Löffel vorsichtig aushöhlen, das Fruchtfleisch grob hacken.

2 Zwiebel und Knoblauch fein würfeln, im Öl bei kleiner Hitze glasig dünsten. Zucchinifruchtfleisch zugeben, 5 Minuten weiterdünsten, danach abkühlen lassen.

3 Die Walnüsse in einer Pfanne ohne Fett anrösten, grob hacken und erkalten lassen. Den Feta grob zerbröseln, die Tomaten in Streifen schneiden, mit Walnüssen, Semmelbröseln und Eiern verrühren, mit Oregano, Salz, Pfeffer würzen. Die abgekühlte Zucchinimasse zugeben, die ausgehöhlten Zucchinihälften damit füllen.

4 Backofen auf 180 °C vorheizen. Die Tomatensauce mit Schmant verrühren und in eine passende Auflaufform geben. Die gefüllten Zucchini darauf setzen, mit Alufolie abdecken, im vorgeheizten Backofen 15 Minuten backen. Dann die Folie entfernen und weitere 15–20 Minuten garen.

5 Zum Servieren die gefüllten Zucchini mit ihrer Tomatensauce auf Teller anrichten. Dazu ein knuspriges Bio-Baguette reichen.

PROFITIPP **Nach Möglichkeit ausschließlich Bioprodukte verwenden, sie schmecken besser, sind weniger umweltbelastet und die Saisongerechtigkeit ist gewährleistet – besonders bei den einheimischen Frischprodukten.**

Torte von dreierlei Frühlingsgemüse
mit Hibiskusbalsamico, Kräuteröl und Salatstrauß

Für den Mürbeteig:
250 g Mehl
150 g Butter
15 g Zucker
50 ml Wasser, 5 g Salz

Für die Füllung:
300 g Kohlrabi, geschält,
grob geschnitten, 2 Blatt Gelatine
60 g Crème double
20 ml Noilly Prat
Trüffelöl, Salz und Pfeffer

300 g Karotten, geschält,
grob geschnitten, 1 Blatt Gelatine
60 g Crème double
20 ml Noilly Prat
1 Messerspitze Orangenaroma
Salz und Pfeffer

300 g Erbsen
1 Blatt Gelatine, 60 g Crème double
20 ml Noilly Prat, Salz und Pfeffer

Für den Hibiskusbalsamico:
1 Hand voll Hibiskusblüten
300 ml Essig
60 g Rohrzucker

Für das Kräuteröl:
½ Bund Schnittlauch
½ Bund Kerbel
½ Bund Blattpetersilie
150 ml Sonnenblumenöl
Salz und Pfeffer

Für die Walnusstapenade:
200 g schwarze Walnüsse
(Abschnitte)
50 g grüne Oliven, ohne Stein
100 ml Olivenöl
50 g Mandeln, enthäutet
1 Knoblauchzehe
Maldon-Salz
Piment d'Espelette
Pfeffer
Himbeeressig

1 Für den Mürbeteig das Mehl mit Butter, Zucker, Wasser und Salz zu einem glatten Teig verkneten, in Frischhaltefolie wickeln und im Kühlschrank mindestens 1 Stunde ruhen lassen. Backofen auf 175 °C Umluft vorheizen. Den Teig ausrollen und in eine Tortenform von 18 cm Durchmesser legen, die überragenden Ränder abschneiden. Den Tortenboden im vorgeheizten Backofen etwa 15 Minuten »blind« backen, er soll goldbraun sein. Den Mürbeteigboden nach dem Backen auskühlen lassen.

2 Für die Füllung zuerst die Kohlrabi in Salzwasser weich kochen, fein pürieren und durch ein Sieb streichen. Die in kaltem Wasser eingeweichten Gelatineblätter ausdrücken, mit Noilly Prat leicht erwärmen, bis sie sich auflösen, mit der Crème double unter das Püree rühren, mit Trüffelöl, Salz und Pfeffer würzen. Die Karotten und Erbsen ebenso zubereiten und würzen, dann die Pürees farblich abwechselnd auf den gebackenen Tortenboden geben, dabei jede Lage mit einer Palette glatt streichen. Kühl stellen.

3 Für den Hibiskusbalsamico die Hibiskusblätter mit Essig und Rohrzucker sirupartig einkochen, erkalten lassen.

4 Für das Kräuteröl die Kräuter mit Öl, Salz und Pfeffer in der Küchenmaschine pürieren.

5 Für die Walnusstapenade die Walnüsse mit Oliven, Olivenöl, Mandeln und Knoblauch in der Küchenmaschine fein pürieren, mit Salz, Pfeffer, Piment d'Espelette und Himbeeressig abschmecken. In kleine Twist Off Gläser füllen und kühl stellen.

6 Zum Servieren die Gemüsetorte vorsichtig aus der Form lösen, in Stücke schneiden und auf Teller anrichten. Mit Hibiskusbalsamico und Kräuteröl Striche oder Wellen auf den Teller dressieren, je einen Löffel Walnusstapenade neben die Torte geben und servieren.

PROFITIPP **Diese Walnusstapenade passt hervorragend zu Gemüse- und Wildterrinen, Gänsestopfleber und besonders gut auch zu Käse. In saubere Gläser abgefüllt, hält sich die Paste im Kühlschrank bis zu 1 Monat. Walnüsse sind im Juni, Anfang Juli noch grün. Wenn man sie so früh erntet, kann die Schale mitverwendet werden. Sobald die Nüsse mit Sauerstoff in Kontakt kommen – etwa beim Aufschneiden und Pürieren – verfärben sie sich schwarz. Der Geschmack der Walnüsse ist bereits ausgeprägt und entfaltet sich voll im Zusammenspiel mit dem Olivenöl und den übrigen Zutaten.**

Speckravioli von Dicken Bohnen auf Tomatensauce

1 Stück grüner Nackenspeck vom Schwäbisch-Hällischen Schwein, ca. 8x8x8 cm groß

Für die Tomatensauce:
4 EL Olivenöl Extra Vergine
2 Schalotten, fein gewürfelt
1–2 Knoblauchzehen, fein gehackt
4 Ochsenherz-Tomaten, abgezogen, entkernt und grob gewürfelt
1–2 EL Sojasauce
Meersalz
Pfeffer aus der Mühle
1 TL frisch gehackter Majoran
1 EL Agaven-Dicksaft
1 TL alter Balsamico

500 g gekochte und enthäutete Dicke Bohnen

Für die Garnitur:
Erbsensprossen

1 Den Nackenspeck in Frischhaltefolie wickeln, im Gefrierschrank ca. ½ Stunde anfrosten (besser vom Metzger schon in dünne Scheiben schneiden lassen).

2 Für die Tomatensauce das Olivenöl in einem Topf erhitzen. Die Schalotten und den Knoblauch anschwitzen, ohne Farbe annehmen zu lassen. Die grob gewürfelten Tomaten und die Sojasauce zugeben und kurz aufkochen lassen, danach die Hitze reduzieren, das Ganze 5 Minuten köcheln. Mit Meersalz und Pfeffer sowie gehacktem Majoran, Agaven-Dicksaft und dem alten Balsamico würzen.

3 Den gefrosteten Nackenspeck auf einer Aufschnittmaschine in dünne Scheiben schneiden. Auf die Hälfte der eiskalten Scheiben einige enthäutete Bohnenkerne legen und mit einer zweiten Scheibe Speck bedecken. Die Ränder fest andrücken, die Ravioli nochmals kurz anfrosten, dann mit Hilfe einer Palette in eine beschichtete, sehr heiße Pfanne geben, von beiden Seiten knusprig braun braten. Danach unter dem Salamander oder Grill fertig garen. Ersatzweise kann man die Ravioli auch mit durchwachsenem Speck (Schinkenspeck) zubereiten. Diese Technik erfordert Übung – das Ergebnis lohnt den Aufwand! Zum Servieren einen Spiegel der Tomatensauce auf vorgewärmte Teller gießen, die knusprig gebratenen Ravioli darüber geben und mit Erbsensprossen garnieren.

Terrine von Mairübchen, Karotte, Haferflocken und Käse

200 g Mairüben
200 g junge Karotten
300 g grobe Haferflocken
300 g geriebener Käse
(z.B. Emmentaler)
3 Eier, verquirlt

100 g Butter,
1 EL sehr fein gehackter Rosmarin
1–2 TL Currypulver, Salz, Pfeffer

Butter und Semmelbrösel für die Form

300 g Blattspinat
40 g Butter, Salz, Pfeffer
100 g Frischkäse, 1–2 EL Sahne

1 Mairüben und Karotten schälen, dann mit einer feinen Reibe in eine Schüssel raspeln. Haferflocken, Reibkäse und die verquirlten Eier zugeben, gut vermischen.

2 In einem kleinen Topf die Butter zerlassen. Den Rosmarin darin anschwitzen, etwas abkühlen lassen, dann die Rosmarinbutter in die Schüssel geben und unter die Masse mischen. Mit Currypulver, Salz und Pfeffer würzen.

3 Backofen auf 160 °C vorheizen. Eine Terrinenform mit Butter auspinseln, mit Semmelbröseln ausstreuen. Die Masse einfüllen, die Form soll ¾-hoch gefüllt sein. Oberfläche glatt streichen, die Terrine ca. 50 Minuten im Backofen backen.

4 Blattspinat putzen, waschen und in Salzwasser blanchieren. Im Sieb abtropfen lassen, in einem Topf in der zerlassenen Butter anschwitzen, mit Salz und Pfeffer würzen. Den Frischkäse mit Sahne glatt rühren.

5 Zum Servieren die leicht abgekühlte Terrine vorsichtig aus der Form stürzen und in Scheiben schneiden. Auf Teller anrichten, einen Teil der Terrinenscheiben mit Frischkäsesauce überziehen. Mit Spinat garnieren und servieren.

PROFITIPP **Eine köstliche, sättigende und gesunde vegetarische Terrine. Statt Spinat passt auch ein bunt gemischter knackiger Salat dazu.**

Mit Frühlingsgemüse gefüllte Kohlrabi und Sahnesauce

4 größere Kohlrabi

8 Stangen weißer Spargel
8 Stangen grüner Spargel
4 junge Karotten mit Grün

120 ml Sahne
frisch geriebene Muskatnuss
Salz, weißer Pfeffer
60 g kalte Butter

Für die Garnitur:
1 Hand voll gemischte Sprossen
4 EL frisch geröstete Pinienkerne

1 Kohlrabi schälen. Von oben mit einem Kugelausstecher oder einem Teelöffel vorsichtig aushöhlen. Die ausgehöhlten Kohlrabi in Salzwasser knapp gar kochen, abtropfen lassen und warm halten. Kochsud aufheben.

2 Weißen Spargel schälen, das untere Drittel vom grünen Spargel entfernen, die Karotten vom Grün befreien, wenn nötig die Haut abschaben. Im Kohlrabisud die verschiedenen Spargelsorten und die Karotten nacheinander knapp weich kochen. Spargel und Karotten in ca. 2 cm große Stücke schneiden.

3 Den Kochsud durch ein Tuch passieren und stark einkochen, so dass nur noch ca. 200 ml Sud übrig bleiben. Die Sahne unterrühren und weiter einkochen, dann die Sauce mit Muskat, Salz und Pfeffer abschmecken. Die kalte Butter stückchenweise mit dem Schneebesen unterrühren, dann die Gemüsestücke zugeben und in der Sahne-Buttersauce heiß werden lassen.

4 Zum Servieren je einen ausgehöhlten Kohlrabi auf Teller geben. Gemüse mit Sahnesauce einfüllen und um die Kohlrabi herum verteilen. Mit Sprossen und gerösteten Pinienkernen garnieren und servieren.

PROFITIPP **Als Variante und wenn das Gericht als Hauptgang dienen soll, kann die Gemüsesahnefüllung zum Schluss noch mit Reibkäse (nach Belieben z. B. mit Parmesan oder Emmentaler) angereichert werden.**

Vegetarisches orientalisches Gemüsecurry mit gebackenen Käsebällchen

½ Staude Stangensellerie
1 Pastinake
1 Petersilienwurzel
4 Stangen weißer Spargel
4 Stangen grüner Spargel
1 Zucchino
1 rote Paprika
1 grüne Paprika
1 schwarze Paprika
½ Broccoli
½ Romanesco
4 Okraschoten
20 Zuckerschoten
1 Karotte
1 violette Karotte

Für die Currysauce:
30 g Butter
2 EL türkisches Currypulver (oder Madras-Curry)
20 g Mehl
200 ml Gemüsebrühe
300 ml Sahne
100 ml Kokossirup
40 ml Raki (oder Pernod)
1 EL türkische Korinthen
1 TL Schwarzkümmel
1 Msp. Kardamom, gemahlen
½ Tonkabohne, gemahlen
etwas Zucker und Salz

Für die Käsebällchen:
400 g Mehl
½ Tütchen Backpulver, Salz
2 Eier
400 ml Milch
100 g Schafs- oder Ziegenkäse
500 ml Pflanzenöl zum Frittieren

1. Das gesamte Gemüse waschen, putzen, wo nötig schälen und in die gewünschte Form schneiden, zum Beispiel in gleichmäßig große Würfel, Scheiben oder Rauten.

2. Die Gemüsesorten einzeln nach und nach, vom hellen beginnend zum dunkel gefärbten Gemüse, in Salzwasser bissfest kochen, mit der Lochkelle herausheben und in Eiswasser abschrecken. Im Sieb abtropfen lassen, danach auf einem Tuch trocknen.

3 Für die Currysauce die Butter in einem Topf erhitzen, Currypulver und Mehl unterrühren, dann mit dem Schneebesen die Gemüsebrühe mit Sahne, Kokossirup und Raki einrühren und ca. 15 Minuten köcheln. Sauce durch ein Sieb passieren, die Korinthen unterrühren, mit schwarzem Kümmel, Kardamom und Tonkabohne würzen, mit Zucker und Salz abschmecken. Backofen auf 150 °C vorheizen. Das vorbereitete Gemüse mit der Currysauce vermischen und in eine feuerfeste Form geben. Im Backofen in 10–15 Minuten heiß werden lassen.

4 Für die Käsebällchen das Mehl in einer Schüssel mit Backpulver, einer Prise Salz und den Eiern verrühren, die Milch zugießen und zu einem glatten Teig verarbeiten. Den Käse mit den Fingern fein zerbröckeln, unter den Teig heben und das Ganze einen Moment ruhen lassen. Mit Hilfe von zwei Löffeln aus dem Teig Bällchen formen, im heißen Öl goldgelb backen, danach auf Küchenkrepp abtropfen lassen.

5 Zum Servieren das heiße Gemüsecurry auf Teller anrichten, die Käsebällchen darüber geben.

PROFITIPP **Zu einem Curry passt am besten Basmatireis als Beilage, bei diesem reichhaltigen, würzigen Gericht dienen die Käsebällchen als Beilage, die auch in die Sauce getunkt werden können. Currygerichte laden ein zum Ausprobieren – der Koch kann durchaus nach seinen persönlichen Vorlieben würzen oder Schärfe verleihen. Die Mischung der vielen Gemüse und verschiedenen Geschmackskomponenten zaubert orientalische Urlaubsstimmung an den Tisch. Schafs- oder Ziegenkäse in guter Qualität bekommt man meistens beim griechischen oder türkischen Lebensmittelhändler.**

Gefüllte, gebratene Fenchelknollen

4 schöne, große Fenchelknollen
½ Zitrone

Für die Füllung:
350 g gemischtes Hackfleisch
1 Ei
2 EL Semmelbrösel, Salz, Pfeffer

2 EL Rapsöl
250 ml Gemüsebrühe
2 EL Crème fraîche
Salz, Pfeffer

1 Fenchelknollen putzen, vom Fenchelgrün die schönsten Teile für die Garnitur beiseite legen. In einem passenden Topf Salzwasser mit Zitronensaft zum Kochen bringen, die Fenchelknollen einlegen, ca. 15 Minuten köcheln. Danach die Knollen herausnehmen, der Länge nach halbieren und die Herzblätter herausschneiden, dabei die jeweils zueinander passenden ausgehöhlten Hälften nebeneinander legen und ausdampfen lassen.

2 Für die Füllung das ausgelöste Fenchelfleisch fein hacken und in eine kleine Schüssel geben. Erkalten lassen, dann das Hackfleisch mit dem Ei und den Semmelbröseln hinzufügen, mit Salz und Pfeffer würzen und von Hand gut vermischen. Diese Mischung in die Fenchelknollen füllen, die jeweils passenden Hälften zusammenfügen und mit Küchengarn festbinden.

3 In einer Pfanne das Rapsöl erhitzen. Die Fenchelknollen zugeben, von allen Seiten braten, bis sie rundum leicht gebräunt sind. Die Gemüsebrühe hinzufügen, Knollen 15 Minuten köcheln, dabei den Fenchel hin und wieder wenden. Den gefüllten Fenchel herausnehmen und warm halten. Kochfond wenn nötig einkochen, dann die Crème fraîche unterrühren, mit Salz und Pfeffer würzen.

4 Zum Servieren das Küchengarn vom Fenchel entfernen und die Knollen aufschneiden. Auf Teller geben, mit Sauce überziehen, mit Fenchelgrün garnieren und servieren. Dazu passen Ofenkartoffeln, Kartoffelgratin oder Bratkartoffeln.

Gefüllte Strudelblätter mit Selleriepüree, Sommerpilzen und Tempuraspießen

Für die Pilze:
400 g Sommerpilze (z. B. Pfifferlinge, Reizker, Steinpilze)
100 g Butter
Salz, Pfeffer
50 g Blattpetersilie, gehackt

Für die Tempuraspieße:
4 Zucchinischeiben, ca. 2 cm
4 Blumenkohlröschen
4 Zuckerschoten
100 g Tempurateig
50 ml eiskaltes Wasser
2 Eigelb
Mehl zum Wenden
Frittieröl

Für das Selleriepüree:
200 g Knollenselleriewürfel, geschält
20 g Zwiebelwürfel
20 g Butter
10 ml Champagneressig
100 ml Sahne
Salz, Pfeffer

4 Blätter Frühlingsrollenteig

1 Die Pilze mit einem feuchten Tuch putzen und in grobe Strücke schneiden. In einer Pfanne die Butter erhitzen, Pilze zugeben, rundum heiß anbraten, mit Salz, Pfeffer und gehackter Petersilie würzen.

2 Für die Tempuraspieße die Gemüsestücke in Salzwasser zuerst 1 Minute blanchieren, danach gut abtropfen lassen. Den Tempurateig mit eiskaltem Wasser und Eigelb glatt rühren. Die Gemüsestücke einzeln auf Zahnstocher stecken, rundum mit Mehl bestäuben, durch den Tempurateig ziehen und in der Fritteuse bei 180 °C goldgelb ausbacken.

3 Für das Selleriepüree den Sellerie in Würfel schneiden, in Sa[illegible]h kochen, gut abtropfen lassen. Die Zwiebelwür[illegible]rie zugeben und mitdünsten, dann mit Essig ablöschen. Im Mixer [illegible] pürieren, mit Salz und Pfeffer abschmecken.

4 Den Backofen auf 170 °C vorheizen. Die Frühlingsrollenteigblätter in je vier Dreiecke schneiden, auf ein gebuttertes Blech legen und im vorgeheizten Backofen ca. 5 Minuten knusprig backen.

5 Zum Servieren die Pilze mit Selleriepüree und gebackenen Frühlingsrollenteigblättern lagenweise aufeinander schichten und mit den noch warmen Tempura-Gemüsespießen garnieren.

PROFITIPP Dieses wunderbar schmeckende und wunderschön anzusehende Gericht passt in das moderne, gesunde Ernährungskonzept. Selbst Kinder, die sonst ungern Gemüse essen, werden von der spielerischen Art und Weise, wie sie hier Zucchini und Co. vom Zahnstocher essen können, begeistert sein. Auf diese Weise lassen sich fast alle Gemüsesorten zubereiten – mit einer süßsauren Chilisauce oder nur mit einer Sojasauce zum Dippen eignen sie sich außerdem vorzüglich als warme Häppchen zum Aperitif.

T[illegible] ibt es fertig zu kaufen, ist aber auch leicht selbst gemacht: [illegible] Wasser rühren, 1 Ei und 1 TL Salz unterrühren [illegible] ine halbe Stunde im Kühlschrank ruhen lassen. Nach Belieben kann [illegible] mit etwas Currypulver gewürzt werden.

Vollkornlasagne mit Mairüben

Für den Nudelteig:
180 g Roggenmehl
40 g Weizenvollkornmehl
2 Eier, 1 EL Olivenöl
1 EL Wasser, 1 Prise Salz

500 g Mairüben
2 EL Rapsöl, 2 EL Butter
frisch geriebene Muskatnuss
1 Majoranzweig
Salz, Pfeffer
1 Prise Zucker

Für die Füllung:
300 g geschlagene Sahne
100 g geriebener Parmesan
100 g geriebener Comté-Käse
80 g geröstete Pinienkerne, gehackt

Butter für die Form

1 Für den Nudelteig beide Mehlsorten auf die Arbeitsfläche sieben, in der Mitte eine Mulde formen. Eier, Olivenöl und Wasser hinein geben, das Salz auf das Mehl streuen. Alles von außen nach innen miteinander vermengen, zu einem glatten Teig kneten, den Teig in Folie eingeschlagen 45 Minuten ruhen lassen.

2 Die Mairüben schälen und grob raspeln. In Rapsöl und Butter bei kleiner Hitze langsam dünsten, mit Muskat, Majoranblättchen, Salz und Pfeffer sowie einer Prise Zucker abschmecken.

3 Für die Füllung die geschlagene Sahne mit dem geriebenen Käse und den gerösteten Pinienkernen vermischen.

4 Aus dem Nudelteig mit einer Nudelmaschine Teigplatten herstellen (alternativ mit dem Nudelholz dünn ausrollen und Platten ausschneiden). Die Teigplatten in Salzwasser 1–2 Minuten vorkochen. Den Backofen auf 160 °C Umluft vorheizen. Eine Auflaufform mit Butter auspinseln. Den Boden mit vorgekochten Teigplatten auslegen, mit Rübenragout bestreichen, etwas Sahne-Käsefüllung darüber geben, dann mit Nudelteig bedecken und so insgesamt drei bis vier Lagen übereinander schichten. Mit Sahne-Käsefüllung abschließen. Die Lasagne 15–20 Minuten im vorgeheizten Backofen backen.

Pikante Kartoffelpfanne

8 große Frühkartoffeln

100 g Kohlrabi, geschält
100 g Mangold geputzt
100 g Karotten, geputzt
1 Zwiebel, fein gewürfelt
1 EL Butter

4 EL Olivenöl
250 ml Milch
250 ml Sahne
50 g Blattspinat
50 g Bärlauch, in Rauten geschnitten
Salz, Pfeffer
frisch geriebene Muskatnuss

Für die Garnitur:
1 Bund Schnittlauch, fein geschnitten

1 Die Kartoffeln mit Schale in Salzwasser weich kochen, danach erkalten lassen. Die Schale abziehen, die Kartoffeln in 2 cm große Würfel schneiden.

2 Kohlrabi, Mangold und Karotten in 1 cm große Rauten schneiden, nacheinander in Salzwasser knapp gar kochen, danach im Sieb abtropfen lassen. Die Zwiebelwürfel in einer Pfanne in Butter glasig dünsten.

3 In einer Pfanne mit hohem Rand das Olivenöl erhitzen. Kartoffelwürfel zugeben und von allen Seiten anbraten, dann die gedünsteten Zwiebeln und die vorbereiteten Gemüserauten unterrühren, mit Milch und Sahne auffüllen. Kräftig aufkochen, die Flüssigkeit etwas reduzieren. Nun den jungen Blattspinat sowie die Bärlauchrauten zugeben, kurz mitkochen, mit Salz, Pfeffer und frisch geriebenem Muskat abschmecken. Kartoffelpfanne vor dem Servieren mit fein geschnittenem Schnittlauch bestreuen.

PROFITIPP **Dieses rustikale und farbenfrohe Kartoffelgericht am besten in der verwendeten Pfanne präsentieren und erst bei Tisch auf Teller anrichten. Ein schönes, knuspriges Baguette vervollständigt den Genuss.**

Joachim Lülf, Waldhaus Ohlenbach, Schmallenberg

Gebackener Stangensellerie
unter einer Paprika-Basilikumkruste mit Blauschimmelkäse

1 junge, zarte Staude Stangensellerie

je ½ rote, gelbe und grüne Paprika
1 Knoblauchzehe, fein gewürfelt
50 ml Olivenöl, 20 g Butter
2 Basilikumzweige
1 TL fein gehackte Rosmarinnadeln
50 g frisch geriebenes, altbackenes Weißbrot
Salz, schwarzer Pfeffer aus der Mühle

100 g Blauschimmelkäse, in dünne Flocken gehobelt

1. Den Stangensellerie putzen, den Wurzelansatz abschneiden und die Stangen in Salzwasser 2–3 Minuten blanchieren.

2. Backofen auf 220 °C Oberhitze vorheizen. Die Paprikahälften halbieren, die Viertel mit der Hautseite nach oben auf ein gefettetes Blech geben, auf der obersten Schiene rösten, bis die Haut braun wird und Blasen schlägt. Die Haut ablösen, Fruchtfleisch in gleichmäßige kleine Würfel schneiden und in eine kleine Schüssel geben. Knoblauch, Olivenöl und die zerlassene Butter hinzugeben. Basilikumblätter abzupfen und grob schneiden, mit dem Rosmarin und dem geriebenen Brot in die Schüssel geben, alles gut vermengen. Mit wenig Salz und Pfeffer abschmecken.

3. Backofen auf 160 °C einstellen. Den blanchierten Staudensellerie mit der Wölbung nach oben in eine Auflaufform legen oder kleinere Portionsformen mit zugeschnittenem Sellerie auslegen. Die vorbereitete Masse auf den Sellerie geben, so dass die Stangen noch zu sehen sind. Im heißen Backofen 10–15 Minuten backen.

4. Zum Servieren den überbackenen Sellerie auf Teller anrichten und mit Blauschimmelkäse-Flocken garnieren.

PROFITIPP **Eine herzhafte Art, Stangensellerie zuzubereiten. In größeren Portionen kann der überbackene Sellerie, zusammen mit einem knusprigen Baguette oder Ciabatta, durchaus als leichter, vegetarischer Hauptgang eingeplant werden.**

DEUTSCHLAND

Ristorante »Borgo Antico«
Euro-Toques Sterne-Koch Antonino Russo
Wallgäßchen 4
01097 Dresden
Tel. 0351 2072353
Fax 0351 2072355

Landgasthof-Hotel Zum Stern
Euro-Toques Sterne-Koch Peter Franke
Burger Straße 1
03096 Werben
Tel. 035603 660
Fax 035603 66199
www.hotel-stern-werben.de

Rugard Strandhotel
Euro-Toques Sterne-Maître Jörg Reinhardt
Dollaner Str. 31
18609 Binz auf Rügen
Tel. 03839 3560
Fax 03839 356666
www.rugard-strandhotel.de

Hotel Gorch Fock
Euro-Toques Sterne-Maître Frank Inselmann
Strandallee 152
23669 Timmendorfer Strand
Tel. 04503 8990
Fax 04503 899111
www.hotel-gorch-fock.de

Schröders Gourmet, Hotel Aridus
Euro-Toques Sterne-Maître Ralf Schröder
Rüggower Weg 17
23970 Wismar-Kritzow
Tel. 03841 2320
Fax 03841 232200
www.hotel-aridus.m-vp.de

Restaurant Mecklenburger Mühle
Euro-Toques Sterne-Maître Ralf Schröder
23972 Dorf Mecklenburg
Tel. 03841 3980
Fax 03841 398198
www.m-vp.de/1173

tegut … Bankett GmbH
Euro-Toques Sterne-Koch Stefan Walch
Gerloser Weg 70
36039 Fulda
Tel. 0661 2509869
Fax 0661 2509878
www.tegut-bankett.com

Restaurant Haus Stemberg Anno 1864
Euro-Toques Sterne-Koch Walter Stemberg
Euro-Toques Sterne-Koch Sascha Stemberg
Kuhlendahler Str. 295
42553 Velbert-Neviges
Tel. 02053 5649
www.haus-stemberg.de

Restaurant Wipperaue
Euro-Toques Sterne-Koch Benno Sasse
Wipperaue 3
42699 Solingen
Tel. 0212 816248
www.wipperaue.de

TV Küchenkünstler
Euro-Toques Sterne-Maître Andreas Völkel
42897 Remscheid-Lennep
www.andreasvoelkel.tv

Cuisine Concept
Euro-Toques Sterne-Maître Markus Haxter
Duckterather Weg 91
51469 Bergisch Gladbach
Tel. 02202 7311
Fax 02202 709623
www.cuisine-concept.de

Rest. Gourmet-Stübchen im Hotel Röttger
Euro-Toques Sterne-Koch Thomas Röttger
Hauptstraße 50
56477 Rennerod
Tel. 02664 99360
Fax 02664 90453
www.hotel-roettger.de

Restaurant Waldhaus Ohlenbach
Euro-Toques Sterne-Koch Joachim Lülf
Ohlenbach 10
57392 Schmallenberg-Ohlenbach
Tel. 02975 840
Fax 02975 8448
www.waldhaus-ohlenbach.de

Restaurant Walker
Euro-Toques Sterne-Koch Andreas Walker
Rutesheimer Str. 62
71272 Renningen
Tel. 07159 925850
Fax 07159 7455
www.hotel-walker.de

Restaurant Träuble
Euro-Toques Sterne-Maître
Ernst-Ulrich W. Schassberger
Schmalzgasse 13
73630 Remshalden-Geradstetten
Tel. 07151 79984
Fax 07151 207715
www.schassbergers-traeuble.de

Restaurant Hotel Linde
Euro-Toques Sterne-Koch Marc Frühauf
Lindenplatz 1
77770 Durbach
Tel. 0781 93630
Fax 0781 936339
www.hotel-linde.de

Katholische Akademie der Erzdiözese
Euro-Toques Sterne-Koch René Häfner
Wintererstr. 1
79104 Freiburg
Tel. 0761 319180
Fax 0761 31918111
www.katholische-akademie-freiburg.de

Hotel Schillingshof, Restaurant Schillingshof
Euro-Toques Sterne-Maître Klaus Distler
Fallerstr. 11
82433 Bad Kohlgrub
Tel. 08845 7010
Fax 08845 8349
www.hotel-schillingshof.com

Restaurant Residenz Heinz Winkler
Euro-Toques Sterne-Maître Heinz Winkler
Kirchplatz 1
83229 Aschau
Tel. 08052 1799150
Fax 08052 179966
www.residenz-heinz-winkler.de

Restaurant Landgasthof Alte Säge
Euro-Toques Sterne-Koch Manfred Geyer
Römerstraße 2
87487 Wiggensbach/Ermengerst
Tel. 08370 929990
Fax 08370 929966
www.alte-saege.de

Restaurant Hirschtal
Euro-Toques Sterne-Koch Markus Welt
Sperberweg 1
89555 Steinheim am Albuch
Tel. 07329 451
Fax 07329 919615
www.hirschtal.de

Euro-Toques Sterne-Koch
Waldemar Nagel
91154 Roth
www.waldemar-nagel.de

ÖSTERREICH

foodconcepts
Euro-Toques Sterne-Koch Ingo H.G. Taubert
Herretweg 9/8/10
1110 Wien
Tel. 0043 69910498273
Fax 0043 1485461132

Restaurant Bachler
Euro-Toques Sterne-Koch Gottfried Bachler
Silberegger Straße 1
9330 Althofen
Tel. 0043 4262 3835
Fax 0043 4262 38354
www.bachler.co.at

SPANIEN

Restaurante Colón
Euro-Toques Sterne-Koch Robert Adam
Calle Cristobal Colón 7
07670 Portocolom
Tel. 0034 971 824783
www.restaurante-colon.com

Kochen wie die Profis – die Reihe für Genießer

Jeder Band bietet auf 95 Seiten ausgesuchte Rezepte der Euro-Toques Sterne-Köche und der Euro-Toques Sterne-Maîtres.

Fische aus Flüssen und Seen
ISBN 978-3-7750-0551-7

Herbst- und Wintergemüse
(in Vorbereitung)
ISBN 978-3-7750-553-1

Lamm
ISBN 978-3-7750-0554-8

Suppen
ISBN 978-3-7750-0552-4

Wild *(in Vorbereitung)*
ISBN 978-3-7750-0550-0

HÄDECKE

Weitere Informationen über Bücher für Genießer erhalten Sie beim

Walter Hädecke Verlag · Postfach 1203 · D-71256 Weil der Stadt
Fax +49(0)7033/1380813 · www.haedecke-verlag.de